ŒUVRE

DES

CERCLES CATHOLIQUES D'OUVRIERS

INTRODUCTION

AUX

ÉTUDES DU CENTENAIRE

DE 1789

PARIS

BUREAUX DE L'ASSOCIATION CATHOLIQUE

262, BOULEVARD SAINT-GERMAIN, 262

—

1888

ŒUVRE DES CERCLES CATHOLIQUES D'OUVRIERS
Extrait de l'ASSOCIATION CATHOLIQUE, mars et avril 1888

INTRODUCTION
AUX
ÉTUDES DU CENTENAIRE
DE 1789

I. Plan général des Etudes.

L'Œuvre des Cercles catholiques d'Ouvriers, fidèle en cela à son inspiration première et à ses déclarations répétées de dévotion aux enseignements de l'Eglise, a résolu d'opposer à la glorification des *principes de 1789* et de l'état social qui résulte de leur application, un sommaire d'études philosophiques, historiques et économiques capable de contribuer, avec l'œuvre magistrale de Le Play, les ouvrages de Taine et de tant d'autres écrivains courageux, — à substituer à la légende de « l'ère moderne » le jugement impartial de l'histoire.

Ce recueil est en voie de composition ; il est précédé ici, en manière d'introduction, par ces quelques pages reflétant l'inspiration commune à tous les mémoires qui le composeront ; mémoires destinés à appeler l'attention du public sur telle et telle partie du problème social que les hommes de la Révolution ont cru résoudre au mieux, et qui, malgré la violence, sans exemple dans l'histoire d'aucun peuple moderne, qu'ils y ont apportée, est encore ouvert après un siècle, et plein de redoutables perspectives.

Chargé de la préparation de ces études demandées à divers collaborateurs, je ne voudrais pas les déflorer, mais seulement en marquer le lien ; d'abord en indiquant leur destination, ensuite en donnant leur cadre. Mais, passant de l'examen des principes de la Révolution à celui de sa marche dans chacun des domaines qu'elle a envahis, j'aimerais montrer au bout de cette voie, souvent douloureuse, celle qui peut conduire le siècle prochain à un ordre social plus harmonieux et plus paisible que celui dont la glorification est un véritable défi au bon sens.

Quelques écrits, conçus et tracés rapidement à raison des circonstances, paraîtraient, même réunis en un petit volume comme sera celui que nous préparons, de bien peu d'importance, s'ils ne devaient être produits qu'en librairie, et non servir d'instrument de propagande, d'enquête et de délibération comme il va être dit.

Mais notre association (l'Œuvre des Cercles), qui se compose d'un grand nombre de sociétés locales reliées entre elles par un organe central d'impulsion et de direction, va être sollicitée par son Secrétariat général à prendre part à la grande enquête qu'ouvre le gouvernement lui-même avec éclat, à l'occasion de l'Exposition universelle de l'an prochain, sur les bienfaits dont le peuple a été l'objet dans l'ère moderne.

Que l'on se procure, en effet, un des *Questionnaires officiels* qui sont répandus à cent mille exemplaires, on y verra figurer le détail des diverses formes qu'a pris au service des classes populaires l'esprit de dévouement des c'asses élevées, — car peu de ces institutions, même de celles d'aide mutuelle, sont nées spontanément chez ceux qui en profitent.

Faire honneur de cet esprit de dévouement et de ses œuvres aux principes que l'on veut glorifier est sans doute excessif, car cet esprit n'est pas nouveau, et la Révolution a détruit infiniment plus de fondations charitables ou d'assistance mutuelle qu'il n'en a été reconstitué depuis, — et par tout autres que par ses partisans.

Mais un champ bien autrement large s'ouvre à une enquête sur l'état social ; et, puisqu'on l'a voulue, nous la ferons, nous, sur tout l'ensemble de la situation qui se déploie aujourd'hui sous nos yeux.

.·.

L'ENQUÊTE portera donc en première ligne sur *l'état des esprits :* d'abord sur leur formation religieuse et morale, et sur l'état des institutions qui y président. — Ensuite sur la diffusion, le degré et la qualité de l'instruction répandue dans les différentes classes de la nation. — Enfin, sur les mœurs qui règnent chez ces diverses classes, aux foyers et dans les relations de la vie privée.

Ce sont, en effet, là des éléments caractéristiques d'une société, et ils doivent apporter un témoignage précieux pour la détermination du jugement qu'il en faut porter.

En second lieu passeront à l'enquête *l'état des institutions politiques* et celui de leur fonctionnement : d'abord le principe du gouvernement et de ses mécanismes centraux et locaux. Ensuite, la manière dont y est procuré le règne de la justice, tant par la loi que par le juge. Puis, l'assiette des finances publiques, celle des forces nationales qu'elles entretiennent, et enfin la manière dont elles permettent à l'assistance publique de fonctionner.

L'ensemble de ces institutions comparé à leurs résultats fournit en effet les critères de la grandeur d'un peuple.

La troisième et dernière partie de notre enquête portera sur l'*état économique* des classes agricoles, industrielles, commerciales ; le régime de la propriété et de l'impôt ; l'état des populations et des terres ; — le régime du travail ; la situation des patrons, celle des salariés ; la production industrielle ; — le régime de l'échange à l'intérieur et à l'extérieur ; le régime du crédit.

Ce sont là les divers aspects de la prospérité générale.

On le voit, notre enquête sera plus complète que celle des promoteurs de la célébration du *centenaire*, et ne saurait manquer d'y apporter une note, peut-être inattendue, mais de quelque intérêt.

II. Les principes de la Révolution.

L'analyse des principes de la Révolution dont on fête le centenaire, ou de ce que Le Play nommait « *les faux dogmes de 1789* », doit être, au portique de cette étude, faite sur la société à la transformation de laquelle ils ont présidé, car tout principe renferme en lui-même sa conséquence. On a cru que ceux-ci, la liberté naturelle et l'égalité native de tous les hommes, n'appartenaient qu'au libéralisme, et ce siècle a été, en effet, le *siècle du libéralisme*.

Mais le moindre examen montre qu'ils préparent pour le siècle nouveau l'avènement du *socialisme révolutionnaire ;* et, de fait, ils sont revendiqués par tous les socialistes de cette école, qui déclarent seulement que la Révolution a fait fausse route et qu'il faut en reprendre et en accomplir l'œuvre.

L'émancipation du quatrième état, comme ils disent, après celle du troisième ; la suppression de la propriété « bourgeoise » (c'est-à-dire libre) après celle de la propriété féodale ; la nationalisation du capital de l'industrie après celle des biens de l'Église ; tout cela se tient, en effet, très logiquement, veut se justifier par les mêmes raisons, et tend à s'accomplir par les mêmes procédés. Sans doute, on ne verra plus, dans une nuit du 4 août, des ordres privilégiés se dépouiller avec enthousiasme au profit de celui qui s'enrichissait d'autant; mais, si la violence, qui n'avait ensuite plus rien à disputer, a encore pu s'exercer pour venger les inégalités sociales du passé, n'aura-t-elle pas plus beau jeu dans le conflit qui s'accentue entre les classes qui n'ont plus d'autre distinction entre elles que celle de la fortune, et ne sont pas plus disposées les unes à l'abdiquer que les autres à s'en passer?

Mais ne déclamons pas; examinons!

.·.

La DÉCLARATION DES DROITS DE L'HOMME ne s'attaque sans doute pas d'une manière expresse aux droits de Dieu, qui ont formé la conscience de tous les hommes et présidé à la naissance de toutes les sociétés, mais elle les passe dédaigneusement sous silence. De plus elle part de cette supposition — formellement en contradiction avec le dogme chrétien du péché originel — que tous les hommes sont nés bons et vertueux.

Or DIEU ne saurait être traité en quantité négligeable, la Religion en affaire facultative et de la vie privée, l'Eglise en mécanisme plus ou moins ingénieux mais indigne de trouver place dans la conception du législateur, — sans que cela ne tire à conséquence.

Lorsque la législation d'un peuple ne fait plus mention de la loi naturelle qui est vivante en la conscience de tous les hommes, et dont l'expression dans le Décalogue nous a été confirmée par la révélation du Sinaï; lorsque la constitution de ce peuple, né dans le *Christianisme* et formé par lui comme le premier et le prototype des peuples de la civilisation, ne prononce plus le nom chrétien, il passe logiquement de la proclamation de l'Etre suprême par Robespierre à la formule d'Odilon Barrot : « la loi est athée »; et, encore un autre demi-siècle après, au nom du principe de l'athéisme légal on veut réaliser l'athéisme social dans tous les domaines.

Le *rationalisme* conduit ainsi « lentement mais sûrement » les Libéraux à la même conclusion philosophique que les Socialistes qui s'en inspirent comme eux, à l'ATHÉISME.

.·.

Le principe politique de la déclaration de 1789 ne rompt pas moins nettement avec le *droit historique* que son principe philosophique avec le droit chrétien, puisqu'il gît dans le dogme de la « *souveraineté du peuple*. » Souveraineté inaliénable, toujours prête à s'exercer, et dont le pouvoir social n'est que la créature toujours soumise et l'instrument toujours révocable. Comme elle n'est pas moins indivisible qu'inaliénable, nulle classe, nulle portion, nul élément de la nation n'en a sa propre part pour la protection de ses propres droits et de ses propres intérêts. Il ne reste debout qu'un pouvoir suprême à base plébiscitaire mouvante, et une bureaucratie à compétence universelle fonctionnant seule dans l'État omnivore.

De même que la souveraineté du peuple est le principe des pouvoirs publics, elle est aussi celui de la loi : c'est le triomphe de la maxime romaine qui était devenue, à la fin, celle de l'ancien Régime : « *Quidquid principi placuit, legis habet vigorem.* » Que maintenant le Prince soit un Souverain absolu ou constitutionnel, un Président ou un Triumvirat, un Parlement ou une Convention, c'est toujours le même régime sous des formes diverses. Que la nation se débatte dans, pour ou contre chacune de ces formes, le régime ne change pas; il est d'une merveilleuse fixité; c'est celui de la conquête romaine, avec son sénat, ses préteurs, ses préfets, ses légions; c'est le Césarisme.

Le libéralisme fraye encore là le chemin au socialisme, puisque celui-ci, pour modéré ou révolutionnaire qu'il soit, ne peut être imposé que par le Césarisme.

.·.

Au moins dans l'ordre économique le principe de la liberté va-t-il nous préserver de ce qui lui semble le plus opposé : le socialisme? Regardons :

Sans doute l'affranchissement du travail parait une belle chose, et tout à fait nouvelle, en place du régime corporatif.

Sans doute l'affranchissement de la propriété, pour n'être pas chose nouvelle mais renouvelée des Romains, passe pour un grand progrès sur l'abhorré régime féodal.

Sans doute enfin l'affranchissement du commerce, la liberté du prêt, l'épanouissement de toutes les formes de l'échange et du crédit, pour être également renouvelés du monde romain, n'en sont pas moins pleins de promesses pour le développement de la richesse publique et privée.

Mais qu'arrive-t-il? C'est que ces régimes de liberté ne font pas que l'homme puisse travailler, posséder, échanger comme il veut, mais comme il peut. — Comme il peut, c'est-à-dire selon la loi non plus humaine et organique, mais fatale et mécanique, de la *concurrence*. Dès lors, il n'y a plus d'existences sociales stables, mais des successions de problèmes sociaux, dont les éléments sont des masses et des vitesses, desquelles les produits forment des *quantités de mouvement*, qui emportent ces existences en les transformant par « l'évolution historique » de la lutte des classes. Nous voici en pleine théorie de Karl Marx, le docteur suprême du socialisme; l'humanité ne vit plus selon la loi du Christ, mais selon celle de Darwin, où sous la fatalité du besoin les espèces animales vont se détruisant; et l'homme, devenu bête, ne connait plus qu'un maitre sous ces deux aspects nommés par Buechner « force et matière. »

Le libéralisme n'a donc encore dans le domaine économique d'autre conclusion que l'inspiration même du socialisme révolutionnaire : le MATÉRIALISME.

III. La marche de la Révolution.

Maintenant que la seule réflexion nous a montré que les principes de 1789 impliquaient les conséquences mêmes auxquelles aboutit le socialisme rationaliste, un coup d'œil jeté sur l'histoire de ce siècle montrera la marche qu'a suivie leur application depuis leur proclamation jusqu'à son centenaire.

Ce coup d'œil déterminera jusqu'à quel point les socialistes révolutionnaires sont fondés à dire que l'œuvre de la Révolution n'est pas encore complète, et que ce n'est ainsi pas encore le moment de la glorifier, mais bien celui de la poursuivre. Mais en même temps il montrera par la mesure du chemin parcouru jusqu'à quel point sont fondées ces espérances d'un triomphe définitif par l'accomplissement intégral des promesses de l'ère révolutionnaire.

En sorte que si l'on ne se trouve pas encore à ce moment où une organisation sociale nouvelle — celle du socialisme démocratique — doit avoir remplacé complètement celle que nous avaient léguée les siècles chrétiens, du moins on peut dire que celle-ci a presque complètement disparu. Evolution historique nécessaire, nous disent les hommes de l'ère nouvelle : peut-être, mais en tout cas marquée pour l'observateur impartial par ce mot : *désorganisation sociale*. Nous allons voir dans un rapide tableau s'écrouler les étais moraux de l'ancien ordre : l'Eglise et la famille; ses ressorts politiques, la monarchie, les autonomies locales; ses formes économiques, les communautés et les corporations. Nous ne verrons rien surgir à la place : il ne restera debout que l'Etat qui aura absorbé et concentré toutes les fonctions sociales, mais qui n'aura lui-même aucune forme, aucune pensée stables, et dont l'omnipotence ne servira qu'à livrer le monde à qui le prend.

.·.

1. Depuis les origines de la France l'histoire nous y montre la RELIGION honorée, d'abord comme germe et forme de la civilisation, ensuite comme norme de la législation et soutien des institutions sociales. L'*Eglise catholique*, qui appelait à bon droit la France sa fille aînée, occupait encore en 1789 une situation privilégiée, bien que diminuée par les empiètements des Parlements et de la Royauté, comme aussi par l'altération des doctrines et le relâchement des mœurs dans la classe élevée. Son établissement même, pour s'adapter à la forme de la société civile, en avait dû emprunter les formes, suivre les vicissitudes, et souffrir les abus.

L'Eglise de France avait subi les atteintes du Gallicanisme dans son principe, du Jansénisme dans son ministère, de la commende et de la prélature de cour dans ses mœurs. Elle présentait en beaucoup de ses parties les fissures d'un grand corps, quand la Révolution s'abattit sur elle, la mit en pièces sous la Convention, puis tenta sous l'Empire de fausser sa reconstitution concordataire en la plaçant sous la dépendance de l'Etat. Comme dans de telles conditions, auxquelles ne saurait survivre longtemps aucune institution humaine, l'Eglise conserve encore son feu divin par le rayonnement de son foyer historique, il n'est pas d'assauts que la Révolution n'ait donnés à ce foyer auguste dont elle voudrait ne plus faire que la prison d'un débile vieillard. Et il n'est pas de desseins hostiles qu'elle ne trame encore et ne traduise chaque jour par des lésions tantôt mesquines et dissimulées, tantôt hautaines et déclarées.

Laissons donc de côté le fait surnaturel qui éclate partout en tant de merveilles et contre lequel rien ne prévaudra, et disons que l'Eglise de France, dont un gouvernement impie nomme les Evêques, dissout les milices et affame les séminaires, après avoir mis la main sur ses biens comme sur ce qu'il a pu de ses libertés, se trouve vraiment *sub hostili potestate constituta*, et semble dès lors vouée par la logique du rationalisme à la prochaine destruction que ses adversaires ne cessent de prédire et de poursuivre.

.•.

2. L'ENSEIGNEMENT ne constitue pas une force sociale, mais un service social, privé en son essence, mais public par ses effets. Il n'était en conséquence dans l'ancienne France livré au monopole d'aucun corps, mais distribué au gré des familles, le plus souvent par des hommes d'Eglise et toujours sous le contrôle de celle-ci. Il en avait toujours été ainsi non seulement dans tous les pays chrétiens, mais dans tous ceux dont nous connaissons la civilisation. Nulle part la morale n'était regardée comme indépendante de la religion, ni l'instruction séparable de l'éducation. Les maîtres n'enseignent que ce que les pères croient et veulent transmettre à leurs enfants ; ils s'efforcent de les suppléer et non pas de les supplanter en tout.

La Révolution a changé tout cela ; elle a détruit l'unité d'enseignement, parce que cette unité était l'expression du Christianisme, et a jeté en travers du magistère de l'Eglise un corps universitaire enseignant, au nom de l'Etat, Dieu sait quelle morale sans dogme et sans sanction. Ce n'est pas Dieu seulement, c'est la famille qu'elle a chassée de l'école des enfants du peuple, en ne permettant plus aux pères de famille de choisir ni la personne ni l'enseignement du maître auquel elle les oblige à confier leurs enfants. — Pour exercer cette tyrannie, il lui a fallu créer et entretenir un mécanisme bureaucratique coûteux, là où fonctionnaient — sous l'ancien régime le plus souvent gratuitement — des organismes enfantés et soutenus librement par le dévouement.

Elle n'a constitué en ce domaine que pour détruire, et nul même de ses adeptes ne saurait dire que son action ne s'exerce pas ainsi dans le sens de la dissolution sociale, en soustrayant les jeunes générations d'hommes, aujourd'hui même les jeunes filles, aux influences de la famille et de la religion.

Après l'athéisme officiel décoré du nom de *liberté de conscience*, c'est l'athéisme pratiquement inculqué aux esprits ; toujours au nom de la même liberté de conscience, qui semble dès lors consister à violenter celle des parents et à étouffer celle des enfants.

.•.

3. LES MŒURS dépendent sans doute beaucoup des lois et des institutions publiques, de l'Ecole et du Forum, comme on eût dit jadis ; mais elles se forment et se conservent surtout au foyer de famille. Là se fait l'apprentissage de tous les

dévouements comme devrait se trouver l'asile de toutes les libertés ; là est l'école du respect ; là vit ce lien de la tradition qui, perpétuant la vie et l'âme de chaque génération en celle qui la suit, fait que les hommes vivent en société et non en troupeau.

Or, il y avait dans l'ancienne France des *familles professionnelles* ; elles existaient en majorité dans toutes les classes, et formaient l'élément principal du corps social dans tous ses organes. Car, il n'y avait pas que les familles d'épée ou de robe, mais aussi celles de métier, celles d'artisans, pour porter haut l'attachement à la profession et en accroître ainsi l'honneur et la valeur. Chaque famille se perpétuait dans sa fonction sociale, grâce à une égale sollicitude chez les diverses institutions par lesquelles ces fonctions étaient organisées.

Sans doute, cela était contraire au principe de l'égalité native, qui semble consister dans un mépris égal des conditions diverses ; car il s'opéra en ce siècle un effort des gouvernements en sens inverse, afin de favoriser, par des bourses prises sur les deniers publics, pour l'accès des carrières politiques, les candidats les moins préparés par leur éducation à y servir aisément et dignement. C'est de l'inégalité au rebours du bon sens, du bien public, et, je n'hésite pas à le dire, d'un certain droit social des pères à se survivre dans leurs enfants, alors que le vrai mérite — qui n'a d'ailleurs pas un moindre droit social — a tant d'autres champs d'activité où se produire au bénéfice de tous.

Mais ce n'est pas tout que de détruire ainsi les patrimoines moraux ; ceux consistant dans un domaine, un atelier, l'instrument matériel d'une fonction sociale quelconque, sont devenus l'objet, en place de la protection, de la destruction légale, par les contraintes tyranniques des soi-disant lois successorales. — Je ne parle pas ensuite du divorce, de l'émancipation des fils par le pied d'égalité politique avec les pères, de l'impunité de la séduction, de l'absence de protection de la femme et de l'enfant contre les abus de la concurrence industrielle. Mais j'appelle l'attention sur le degré d'intensité de ces trois faits qui caractérisent la condition actuelle des foyers : la dépopulation des campagnes, la dégénérescence des populations industrielles, la précocité de la criminalité.

.·.

1. LE PRINCIPE POLITIQUE sur lequel reposait la constitution de l'ancienne France, et d'ailleurs celle de toutes les nations

chrétiennes, était le *droit historique*. La société s'était formée et développée successivement à travers les siècles, et sa constitution, selon une expression connue, avait crû suivant des coutumes à peine codifiées, mais inscrites « ès cœurs de tous les Français. » Toutefois, l'esprit du césarisme romain s'était infiltré peu à peu par les Légistes dans l'antique monarchie, dès l'époque de Philippe le Bel, puis celle de Louis XI, ensuite surtout à partir de la Renaissance, et avait atteint son apogée, préparé par Richelieu, avec Louis XIV ; dès lors il ne restait guère plus de corps constitués pour soutenir la Royauté que les Parlements, les États provinciaux ayant généralement disparu, et l'administration des Intendants remplaçant les autonomies locales. — Les échevinages et les municipalités s'étaient substitués, mais localement seulement, au régime féodal, dont il ne restait à peu près plus trace.

C'était donc vers la réorganisation des corps intermédiaires — Bailliages et Provinces — que devait se porter et que se porta en effet l'effort patriotique qui unissait le trône et la nation au commencement du règne de Louis XVI. — Mais il fut bientôt détourné de la voie naturelle, c'est-à-dire de la reconstitution des unités historiques, par la conception administrative qui avait créé les départements ; et ceux-ci ne furent et ne sont encore restés que des formations bureaucratiques mises aux mains de l'État pour détruire tout le reste des autonomies, et asservir les communes.

Le principe monarchique lui-même, qui n'avait jamais été mis en question pendant des siècles, alors même que la succession au trône était indécise dans son droit ou disputée par les armes, tomba de la hauteur du césarisme dynastique où avaient voulu le porter les derniers règnes par une dénaturation du « droit divin », au-dessous du niveau d'autorité auquel prétendait un principe nouveau, celui de la *souveraineté populaire*. — En vain voulut-on de bonne foi les accommoder : « ceci tua cela » en quelques mois ; depuis, vingt essais de constitution se sont succédé sans retrouver jamais la base du droit historique ; si bien que pour l'historien futur, alors qu'il voudra résumer, dans la synthèse où s'effacent les incidents du passé, la marche du XIXᵉ siècle, il n'apparaîtra pas que la France soit passée de la monarchie à l'Empire ou à la République, mais à l'*anarchie*.

5. De même que la base de la constitution politique s'était rétrécie peu à peu, de celle du droit historique à celle du droit régalien, pour faire finalement place à celle du césarisme, — la souveraineté populaire, — de même la base de la CONSTITUTION JURIDIQUE s'était transformée. Elle était passée du principe du jugement par les *pairs* sous la présidence du Prince, qui était celui des cours féodales, à celui du jugement par les officiers royaux sous le contrôle de corps spéciaux — le Parlement ; — et elle ne retourna en partie lors de la Révolution qu'à une caricature de sa première manière par l'institution du *Jury*. En vertu du faux dogme de l'égalité native de tous les hommes, c'est-à-dire de la méconnaissance de la diversité des fonctions sociales et du droit naturel propre à chacune d'elles en raison de son essence, on proclama un *droit commun* devant lequel disparurent toutes les garanties de compétence et d'indépendance que présentaient les juridictions spéciales : les tribunaux ecclésiastiques, les tribunaux militaires (qui furent seuls conservés), les juridictions corporatives, et ce qu'on appelle aujourd'hui les tribunaux d'exception ou administratifs, (dont le gouvernement a eu soin de se réserver le bénéfice parce que les juges en sont à sa discrétion).

Quant au principe des lois que le juge eut désormais à appliquer, il devint absolument arbitraire, ne relevant plus d'aucun prototype, comme le *Décalogue*, ni d'aucune morale définie, comme celle de l'Evangile. Sans doute il y eut un adoucissement dans les peines, et même dans les modes de la procédure ; la torture, entre autres, fut supprimée par le roi Louis XVI malgré son origine romaine qui devait la rendre chère aux légistes ; mais si le code, unifié par Napoléon, devint moins touffu, l'ensemble de la législation le devint davantage, et les résultats de l'enquête nous diront si le nombre des procès civils et si la criminalité ont été diminuant durant l'ère de la société moderne.

.·.

6. Jadis les FINANCES PUBLIQUES ne se composaient guère que des ressources du *Trésor royal* — ou domaine privé de la couronne — et des *subsides extraordinaires* votés par les Etats ou les grands corps sociaux. Mais, sans parler de l'altération des monnaies par Philippe le Bel, le développement excessif de la cour des Valois et surtout de celle de Louis XIV, enfin les longues et malheureuses guerres de la fin de son règne avaient rendu ces ressources insuffisantes. Il avait fallu

recourir à des expédients administratifs, tels que la mise à un prix excessif des patentes et même de certains emplois royaux, puis à la vente des privilèges eux-mêmes, et enfin à de pénibles augmentations d'impôts directs comme l'impôt foncier, ou indirects comme les douanes intérieures, les gabelles, etc.

Cet état de souffrances et d'abus ne fut pas une des moindres causes qui favorisèrent la Révolution. Mais qu'était cela à côté des appétits qu'elle montre aujourd'hui et de la *dette publique* qu'elle léguera à la génération future, et qui écrase déjà la nôtre ?

L'ARMÉE et la marine, qui avaient porté haut le renom français, étaient, pour la plus grande partie, composées de volontaires ; l'inscription maritime et un essai rudimentaire de conscription ne remontaient pas plus haut que le règne de Louis XIV, où pour la levée des milices on eut recours à la contrainte par voie de tirage. La force de l'armée gisait surtout dans ses cadres fournis à bon compte et à toute épreuve par des familles professionnelles, qui recevaient en retour l'exemption d'une partie de l'impôt foncier — la « taille » — pour les terres qu'elles cultivaient elles-mêmes sans en tirer fermage.

La *conscription* prit pied dans les institutions nationales avec la Révolution, atteignit sous Napoléon des proportions d'une effroyable calamité publique et n'a cessé, malgré les atténuations de la Restauration, d'être depuis ce temps-là le plus lourd des impôts.

L'ASSISTANCE PUBLIQUE ne coûtait à peu près rien aux contribuables, elle était assurée, dans des proportions incomparablement plus fortes qu'aujourd'hui, par les corporations religieuses ou professionnelles : les premières pour tous les indigents, les secondes pour leurs propres membres nécessiteux. Nous avons aujourd'hui reculé de bien des siècles dans l'abondance et dans l'art de la charité. *La Révolution a audacieusement dépouillé les pauvres.*

.·.

7. Si dans les paragraphes précédents on a passé en rapide revue les intérêts des classes sociales vouées aux professions libérales, il reste à jeter le même coup d'œil comparatif sur celles dont l'industrie s'exerce aux arts serviles, et qui forment le gros de la nation.

Pour ce qui est d'abord des CLASSES AGRICOLES, il n'est pas exact de dire, comme on le fait communément, que la Révolution ait soit créé, soit seulement affranchi la propriété. La petite propriété avait existé de tout temps, et la grande propriété agraire ne s'était même constituée qu'à la disparition du régime féodal, dans l'essence de laquelle elle n'était pas. Au régime des tenures perpétuelles avait succédé alors celui des terres censives, selon des coutumes successorales qui variaient à l'infini, et produisaient déjà tantôt le morcellement, tantôt la conservation des domaines, mais le plus souvent leur agglomération aux mains des classes qui ne pouvaient qu'épargner, mais non engager ou démembrer facilement leurs biens, la noblesse nouvelle et le clergé.

Les impôts étaient moins excessifs que vexatoires dans leurs modes de perception ; beaucoup s'acquittaient en nature, par redevances, dîmes, corvées. Les impôts indirects, surtout celui du sel, pesaient davantage ; mais ce qui nuisait le plus au développement de la production agricole était la difficulté des communications, qui était cause tour à tour de disettes ou de pléthores, suivant la région.

Aujourd'hui nous voyons se produire le phénomène inverse : la facilité des communications non seulement régionales mais internationales livre les marchés des pays les moins fertiles aux rivaux plus favorisés, et il en résulte une grande émigration de leurs populations vers les villes. Là où la terre nourrit et retient encore les familles, une autre cause produit la dépopulation : la stérilité systématique due au régime successoral.

Mais ce qu'il y a de plus frappant dans les campagnes, c'est l'état et l'esprit d'*individualisme* qui y règnent. En place des fortes communautés rurales que nous avait léguées le moyen âge, la commune actuelle n'a plus de la communauté que le nom ; elle ne possède plus de biens ou de droits d'usage pour ses petits foyers ; elle n'est plus administrée par les propriétaires du sol ; ceux qui en paient les impôts ne sont généralement pas ceux qui les votent, et ces impôts vont toujours croissant. Par contre, la *spéculation* sous toutes ses formes exploite à merci la production agricole désorganisée, de sorte que des champs plus riches ne portent que des gens plus pauvres, et que l'agriculture, qui était la condition la plus honorée, est devenue la plus délaissée.

∴

8. L'état des CLASSES INDUSTRIELLES s'est encore bien plus transformé depuis un siècle que celui des classes agricoles. La grande industrie, qui n'existait guères alors que pour l'exploitation des mines et des verreries, tend de plus en plus à se

substituer à la petite. — Celle-ci, qui jouissait alors d'une *organisation corporative* d'autant plus profitable à ses membres qu'elle était plus fermée, est aujourd'hui livrée, sauf peut-être dans l'industrie du bâtiment, au combat pour la vie contre sa puissante rivale. Chaque jour qui est marqué par l'invention ou le perfectionnement d'une machine est comme la date d'un échec qui détruit un certain nombre de petits ateliers, c'est-à-dire d'existences sociales assurées, sans leur rien offrir en retour.

Aussi le régime de la *liberté du travail*, que les Economistes donnent comme un retour au droit naturel de l'humanité et une condition de son essor économique, a-t-il créé l'antagonisme le plus violent entre les patrons de même industrie, et surtout entre ceux-ci et leurs ouvriers. En place des institutions corporatives qui garantissaient à l'artisan non seulement une existence aisée pendant ses années de labeur, mais encore les secours de tout genre contre les infirmités, les accidents et la vieillesse, il n'y a plus rien que quelques efforts spontanés vers un retour à l'association, que l'on peut dire négligeables, moins encore à cause de leur petit nombre que de leur absence d'ensemble et d'efficacité sociale. Les ouvriers manifestent leurs sentiments en traitant communément de « bagnes » les établissements auxquels ils sont attachés, et ceux même des plus petits ateliers ne voient habituellement dans le maître qu'un ennemi.

Il faut ajouter a ce tableau, comme trait final, l'horrible dégénérescence morale et physique qui se manifeste dans la plupart des agglomérations industrielles, où ne peut plus se recruter d'autre armée que celle du socialisme révolutionnaire.

On voit, et personne ne conteste dans les rangs des ouvriers, que rien n'a été fait pour eux par la Révolution, et que leur condition est au contraire beaucoup plus précaire qu'auparavant. — Celle des industriels ne l'est pas moins dans ce régime de la liberté du travail, qui n'est en réalité que la liberté de la spéculation, comme nous l'allons voir. Quant aux produits, ils ont généralement perdu en qualité ce qu'ils ont gagné en quantité.

.*.

9. Les barrières, que l'Eglise d'abord, dans l'intérêt des CLASSES COMMERÇANTES, puis le Parlement s'inspirant de la Sorbonne, avaient si longtemps opposées à la spéculation sur l'intérêt de l'argent, étaient tombées avant la fin du siècle dernier, et l'agiotage avait exercé à la Cour même de terribles

ravages, bouleversant avec les conditions sociales les notions de l'honneur chez les uns, du respect chez les autres.

La Révolution vint consacrer et légaliser cet état de choses, et entre autres services rendus à l'établissement du *capitalisme*, elle naturalisa en bloc les *Juifs* dont la bonté de Louis XVI avait toléré la rentrée dans le Royaume par la frontière d'Allemagne.

Quant à sa législation commerciale, elle fut d'abord aussi confuse qu'arbitraire et souvent cruelle, allant jusqu'à punir de mort certains usages du principe de la liberté qu'elle devait finalement adopter sans limites. Mais ce qui disparut tout d'abord, parce que c'était une doctrine de l'Eglise formant le fondement du régime de l'échange dans un ordre social chrétien, ce fut la doctrine du *juste prix* à laquelle on substitua la raison d'Etat pour déterminer les règles du marché, livré en principe uniquement à la concurrence.

La banqueroute de l'Etat par le système des *Assignats* fut la première grande opération des réformateurs, qui s'étaient chargés de liquider les dettes de la monarchie et les avaient immédiatement doublées.

Peu à peu, dans le courant de ce siècle, le drainage de l'épargne privée par le Trésor public, ou par les grandes entreprises financières avec lesquelles il s'accorde, s'est régularisé et intronisé dans la Constitution comme dans les mœurs, si bien que la charge d'impôts qui pèse sur chaque tête est beaucoup plus lourde en France que partout ailleurs. De plus, comme ce qui reste de capital non aliéné à l'Etat est le plus souvent entre les mains de *Compagnies anonymes*, c'est-à-dire de collectivités impersonnelles à responsabilité forcément limitée mais à liberté illimitée, le capital est devenu beaucoup plus un objet de *spéculation* qu'un instrument de travail; le produit supporte ainsi, pour passer des mains du producteur à celles du consommateur, une majoration de prix pour l'impôt, une pour la rente fixe qu'en prétend tirer tout prêteur, une pour le dividende de l'action, et Dieu sait combien de commissions aux intermédiaires, si bien que la fortune publique et les fortunes privées sont également en souffrance, et que s'il y a un peu plus de *millionnaires* il y a beaucoup plus de *prolétaires*.

. .

Telles me paraissent être dans leurs grands aspects les conclusions que l'enquête établira d'une manière plus précise pour chacune des branches d'activité où s'exerce la philosophie de l'esprit humain, sa sociabilité ou son aptitude à se procurer les biens.

Elles présentent les caractères généraux d'une rupture avec la continuité historique, que l'on a en effet bien appelée « Révolution »; d'une dissolution des liens sociaux, non seulement de ceux qui relient au passé, mais encore de ceux qui relient les hommes entre eux dans toutes les conditions; enfin d'une porte ouverte à de tels abus au nom de la liberté et à de telles revendications au nom de l'égalité, que le triomphe du socialisme apparaît de nouveau au bout de chacune de ces voies, non plus seulement comme conséquence logique des principes du *rationalisme*, mais comme réaction inévitable contre les excès de l'*individualisme*.

Et de fait, sans parler du socialisme modéré et moins encore du socialisme conservateur (expression qui n'est pas connue dans la littérature sociale française), le *Socialisme révolutionnaire* se dresse partout comme l'héritier assuré du Libéralisme, qui a fourni sa course avec ce siècle et ne verra sans doute pas l'aurore du siècle prochain.

Qu'on veuille bien remarquer combien il avait en réalité fait son œuvre et pris possession de toutes les avenues de l'Etat et de la famille, comme de toutes les institutions, à la veille de 1789. Si bien qu'il ne fallut que quelques mois de violences pour que l'ancien décor s'écroulât comme au théâtre dans un changement à vue, et démasquât le nouvel édifice venu de toutes pièces. Et qu'on se demande si l'édifice social actuel paraît plus solide ou moins menacé que celui qui s'écroula alors.

La fête du centenaire *de l'ère moderne* pourrait bien devenir celle de la naissance d'une *ère nouvelle*.

IV. Les principes chrétiens de l'ordre social.

Si l'adoption des principes du RATIONALISME — dits principes de 1789 — dans la société, y a introduit l'*athéisme*, le *césarisme* et le *matérialisme*, et permis à la Révolution de fournir la carrière précédemment décrite, dont le dernier terme serait évidemment le triomphe du *Socialisme révolutionnaire*, il ne suffit pas de chercher à enrayer ce mouvement tout en en conservant l'impulsion initiale et les forces accélératrices, comme le font les conservateurs libéraux. — Il faut, au contraire, rompre nettement avec les doctrines philosophiques, politiques et économiques qui doivent trouver leur glorification dans le *Centenaire* officiel, comme leur condamnation

dans notre enquête privée mais sincère ; il faut substituer aux
« faux dogmes de 1789 » ceux de la « Constitution essentielle
de l'humanité » — comme s'exprimait Le Play, — et en poursuivre la réalisation dans chacune des diverses branches de
l'ordre social, selon un programme qui doit sortir des *cahiers*
des groupes professionnels que nous allons convoquer à cet
effet ; cahiers que l'on peut dès maintenant esquisser, au cours,
et surtout à la fin, des *Mémoires* en préparation pour fixer
l'attention de ces groupes.

Examinons dans quel sens il faut s'orienter.

.·.

En place du principe de l'athéisme, il faut restaurer dans
la société le principe du CHRISTIANISME. Non pas seulement
d'un christianisme individuellement honoré et pratiqué, mais
du *christianisme* intégral dans toute son action sociale. C'est-
à-dire qu'il faut rétablir les principes de la morale évangélique
à la base de toutes les institutions ; que la charte des doctrines
de l'Eglise sur la société civile préside à la confection de toutes
les lois, et que les préceptes de la religion redeviennent la
règle des mœurs publiques aussi bien que privées.

Ces principes, ces doctrines, ces préceptes, ont été le point
de départ de la civilisation occidentale ; la religion a uni les
peuples divers en un faisceau qui s'est appelé pendant des
siècles la *chrétienté*, et qui a jeté sur la marche de l'humanité
un incomparable éclat, en se substituant aux sociétés païennes
en décomposition et aux sociétés barbares en formation ; en
contenant le monde islamique, et pénétrant dans tous les domaines de l'humanité pour y porter la civilisation la plus
éclairée qu'elle eût encore connue.

Ça été la grande pensée de Charlemagne, lorsqu'il jeta les
fondements du Saint-Empire comme un moule d'où devaient
sortir toutes les nations du Moyen Age. Ça été la pensée in-
cessante et souvent triomphante de la Papauté pendant toute
la durée de ce Moyen Age, qui fut comme l'époque héroïque
de la civilisation chrétienne ; et c'est encore aujourd'hui la
seule conception nette, à la fois historique et philosophique,
à opposer à celles sur lesquelles repose ou plutôt s'écroule le
monde moderne.

Donc nous poserons en principe que la société doit revenir,
dans les domaines de la philosophie, des lettres, de l'éducation et des mœurs, au DROIT CHRÉTIEN.

Si dans le domaine philosophique nous nous trouvons en possession d'un droit unique et imprescriptible, le droit chrétien, en sera-t-il ainsi dans le domaine politique, où ceux-là mêmes qui prétendent reconnaître la même universalité au principe de la souveraineté du peuple admettent généralement que cette souveraineté puisse s'exercer en faveur des diverses formes du césarisme ?

Certes, nous nous trouvons dans ce domaine en présence de formes politiques diverses, mais pourtant d'un principe de droit unique — le droit historique. *Dieu et l'histoire*, telle est la formule du droit qui, loin de s'appliquer seulement au pouvoir suprême, appartient à toutes les formations sociales qui ont dû accompagner ou souvent même précéder celle de la nation : corporations et communes, pays et provinces (dans l'acception générique de ces mots) ont droit à un égal respect de leur antique constitution dans l'Etat, dont ils font partie intégrante et dont ils sont l'essence. Ce n'est pas ces petits corps qui ne seraient rien sans l'Etat, mais celui-ci qui ne serait rien sans eux, et qui ne saurait méconnaître leur autonomie sans que ce ne soit le fait d'une détestable usurpation. Son unité n'est pas au prix de leur étouffement, mais de leur formation en faisceau d'intérêts communs. Et cela est l'œuvre de l'histoire.

On a dit : les générations passées ne sauraient lier à ce point les générations futures. — Pourtant on admet bien que la majorité des hommes de la génération présente puisse lier la minorité. Ces hommes ont-ils donc plus de liens entre eux que les fils n'en ont avec leurs pères ? Ou bien l'héritage des biens moraux est-il le seul qui ne puisse se transmettre comme se transmettent les dettes contractées, qui souvent écrasent les contemporains du poids de la mauvaise administration des gouvernements disparus ?

L'humanité est une chaine d'anneaux dont l'un conduit à l'autre sans rien ôter à l'ensemble de sa souplesse, mais en en faisant la force. Malheur au peuple qui en rompt un chainon ; il est par là même rejeté de l'histoire, qui est le développement normal de l'humanité, et il ne sait comment y reprendre place. — On a dit que les droits des hommes ne venaient pas de leur histoire mais de leur nature. Certains droits des hommes, sans doute, mais les droits des sociétés, autres que celles qui sont de droit naturel, comme la famille, ou de droit divin comme l'Eglise, ne sauraient venir que de leur histoire, puisqu'elles ne sont elles-mêmes dans l'ensemble de la Société civile que des êtres historiques, leurs membres n'ayant entre eux d'autres liens que ceux créés par l'histoire. — Donc nous rétablirons le DROIT HISTORIQUE à la base de l'*ordre politique*.

* *

Dans l'ordre économique enfin, quand nous aurons vu que l'individualisme décoré du nom de liberté rendait les hommes incapables de se soustraire aux lois de la matière, nous chercherons le secours dans la *solidarité* et la règle de celle-ci dans la *justice*, comme son inspiration dans la *charité*.

La division du travail, qui est la forme progressive de la Société moderne, réclame en effet la solidarité de l'atelier et de la corporation, plus encore que ce n'était nécessaire dans le passé. Que l'on veuille bien considérer seulement ce qu'il faut de concours d'industries diverses et de collaborations d'hommes de la même industrie pour livrer une aiguille ; et l'on ne se demandera plus si quelque solidarité ne doit pas régner entre tous ces collaborateurs à divers degrés et en diverses façons.

Or la solidarité ne consiste pas seulement dans l'aide qu'on se veut bien donner en vertu de la charité, mais dans celle qu'on se peut donner en vertu de l'organisation, et que l'on se doit donner en vertu de la justice.

La justice en matière de contrat de travail ne réside pas non plus seulement dans la liberté des contractants, mais dans l'équité du contrat. c'est-à-dire dans sa vertu de procurer normalement à chacun de ceux qui le passent, l'entrepreneur et l'ouvrier, une honnête subsistance. C'est à cela que l'organisation sociale doit pourvoir pour remplir son but.

C'est aussi de la solidarité sociale que dépendent les effets plus ou moins bienfaisants du régime de la propriété, qui ne saurait être investie d'un caractère plus absolu que ne le possède la liberté du contrat.

Et enfin, c'est encore une doctrine de justice, celle du juste prix, qui doit présider à l'organisation des échanges par voie de tradition réelle ou de crédit ; et elle ne saurait encore trouver sa garantie que dans une organisation sociale basée sur le principe d'une certaine solidarité.

LA SOLIDARITÉ fondée sur la justice et sur la charité chrétiennes, telle est donc l'idée qui nous guidera dans nos *desiderata* sur l'ordre économique, en place de l'individualisme créé par la soi-disant liberté qui jette l'homme sous le joug de la matière. — Si l'on nous dit que c'est aussi là le programme des Socialistes, résumé dans cette formule « de chacun selon ses forces, à chacun selon ses besoins », sans doute jusqu'à un certain point, dirons-nous ; mais en nous réservant de montrer comment nous pouvons seuls le réaliser par le *régime corporatif*, auquel les principes révolutionnaires de liberté et d'égalité, dont les Socialistes sont pour la plupart imbus, les forcent à tourner le dos.

Le Régime corporatif, ce mot reviendra bien souvent sous notre plume, non pas seulement en traitant de l'organisation des classes vouées aux labeurs manuels, mais encore de celle de toute la Société. Nous le croyons en effet, sinon de droit naturel, du moins bien conforme aux principes du droit naturel et propre à en faire toutes les applications, aussi bien que favorable au règne du Droit chrétien, puisqu'il a flori d'une manière si complète et si générale durant la longue période des siècles chrétiens. Il s'est prêté à toutes les constitutions les plus démocratiques comme les plus aristocratiques, à toutes les formations sociales lorsqu'elles étaient vraiment de droit historique.

Sans doute le régime corporatif n'est pas une panacée aux maux et aux déchirements sociaux plus actuels que jamais dont nous allons voir célébrer le centenaire. Il ne saurait suppléer à la Religion, à la probité, au respect de l'autorité, à la charité fraternelle, au ressort moral des vertus ; mais il en rend le jeu plus facile et par cela même plus fréquent ou plus puissant, et il lui fait porter tous ses fruits naturels.

Toutes les fois, a écrit de Maistre au sujet de la Révolution, qu'on remet les choses dans l'ordre naturel, on agit comme un ministre de la Providence, et on trouve à la servir des facilités inattendues.

C'est ce dont il faudra se pénétrer pour aborder, dans la suite de l'Étude, les applications dont sont susceptibles dans un ordre social nouveau les principes essentiels que nous aurons reconnus être ceux du PLAN PROVIDENTIEL.

V. Le mouvement social chrétien.

1. L'application du Droit chrétien à la question religieuse telle qu'elle se pose de nos jours semble avoir pour première condition la complète liberté de l'Église dans les États

chrétiens. — La liberté n'est-elle pas avant tout ce que l'Eglise réclame pour pouvoir exercer son action bienfaisante et civilisatrice sur les sociétés? Mais ce n'est pas, selon la célèbre formule, dans l'Etat libre que l'Eglise peut être libre, mais seulement dans l'Etat chrétien; autrement c'est le conflit et la persécution organisés sous le beau nom de liberté; l'histoire est là pour le dire. Un Etat chrétien est celui dans lequel toutes les lois sont conformes à la loi naturelle et révélée, et toutes les institutions publiques inspirées de l'esprit de l'Evangile. Le Pouvoir social peut y être tolérant pour tous les cultes dissidents, pour toutes les sociétés qui ne prennent pas pour mot d'ordre la négation de la morale chrétienne, pour tous les individus, quelles que soient leurs aberrations d'esprit, pourvu que leur conduite ne donne pas le scandale. Il ne violentera pas les consciences comme n'y manque jamais l'Etat libre — de le faire.

Quant à l'établissement de l'Eglise — qui seule a droit à ce nom historique, et non les sectes qui veulent l'usurper — il sera conforme à ce qu'en décideront sa sagesse et sa prudence, selon les circonstances. Mais il semble bien indiqué, sinon de lui restituer l'équivalent de ses biens, du moins de remettre à son entière disposition le budget que l'on est aujourd'hui tenu de lui servir en indemnité de cette spoliation. Et comme le principe de la dette publique perpétuelle n'est pas à conserver, il est à désirer que le service de cette rente permette à l'amortissement de son capital de marcher parallèlement avec la formation de celui que l'Eglise pourrait de nouveau se former par la générosité des fidèles.

Quant aux cultes dissidents, comme on ne leur a rien enlevé, on ne leur doit rien qu'une certaine tolérance, autant qu'elle ne tourne pas au profit de dispositions agressives. — La France est la fille aînée de l'Eglise; elle peut avoir des enfants ingrats — mais ne saurait l'être elle-même.

. .

2. Dans l'Etat chrétien l'enseignement public ne peut être que chrétien, c'est-à-dire conforme à celui de l'Eglise et placé sous son contrôle. Mais cet enseignement public ne doit fonctionner que pour assurer les besoins des services de l'Etat, en tant que l'enseignement libre n'y serait pas suffisamment apte; et celui-ci doit être la règle, l'enseignement public l'exception seulement. Le monopole universitaire ne convient qu'au césarisme; tandis que dans une société libre et bien

ordonnée le jeu des forces sociales doit suffire à pourvoir à la généralité des besoins, surtout de ceux qui ont, comme l'enseignement, un caractère avant tout domestique. C'est *le père de famille,* et non pas telle ou telle société autre que la famille, qui est investi par le droit naturel et positif des devoirs de l'éducation; et si la législation et surtout les mœurs peuvent le contraindre dans une certaine mesure à exercer son devoir, elles ne sauraient le faire que dans la mesure où des institutions d'enseignement seraient ouvertes à son choix le plus libre et y correspondraient pleinement.

Sans doute, à mesure qu'il est lui-même dans une condition moins libre, ces institutions doivent être mises davantage à sa portée, et l'école du village doit être plus que toute autre l'objet de la sollicitude des pouvoirs publics — mais non de leur intrusion au delà du nécessaire à la garantie des droits qu'ils doivent protéger en place d'usurper.

L'enseignement est une profession susceptible comme toute autre d'un régime corporatif; sous le règne d'une liberté chrétienne, des corporations enseignantes, comme l'Eglise d'ailleurs en possède déjà, se formeraient bien vite pour correspondre à tous les besoins de la société civile. Les exemples abondent chez les peuples voisins, tandis que partout la mainmise de l'Etat sur les écoles est le signal, non de l'affranchissement des consciences, comme on le prétend, mais de la persécution religieuse, de la dépravation de la jeunesse et de la ruine des finances publiques ou communales ; au contraire, le droit du père de famille à diriger l'éducation de ses enfants est partout et toujours, dans ses limites naturelles, l'objet des revendications catholiques.

⁂

3. La reconstitution de familles professionnelles, c'est-à-dire de familles vouées de père en fils, au moins dans leurs chefs, à la même fonction sociale par la continuité de l'éducation professionnelle, ne peut s'obtenir que par la conservation plus ou moins intégrale des foyers, ateliers, biens patrimoniaux, à la destruction desquels tend au contraire le Code civil actuel.

Sans doute, bien des actions légales doivent concourir à la protection des foyers, et particulièrement à celle de ses êtres les plus faibles, la mère et l'enfant : la législation du travail, la répression de la séduction, l'indissolubilité du mariage. Mais, si ces salutaires contraintes peuvent quelque chose pour la garde du foyer pendant la vie de celui qui l'a créé, elles sont impuissantes à le conserver à sa famille, si les odieuses contraintes de nos lois successorales viennent agir à la traverse du droit naturel.

Le foyer, ce n'est pas seulement un lieu, une propriété, un domaine; c'est le sanctuaire d'une tradition, c'est l héritage d'une condition, c'est la transmission d'un enseignement, d'une aptitude, d'une qualité ; car, c'est par tout cela qu'une famille s'établit, se prolonge et se perpétue. — Le commandement divin d'honorer ceux dont on est issu ne s'applique pas seulement aux individus, mais aussi aux familles et aux nations ; la preuve en est que son observation a sa récompense promise dès ce monde, — la longévité — et que cette récompense ne saurait s'entendre au temporel que de cette façon : se survivre en ses enfants.

Nous ajouterons donc à la revendication d'une réforme du code civil dans le sens conservateur celle d'une protection sociale en faveur des fils qui ont le sentiment d'honorer leur père en continuant sa profession. C'est encore là le propre du *régime corporatif*, de maintenir des familles professionnelles par les facilités qu'y rencontre l'éducation professionnelle, et ce n'est pas un de ses moindres bienfaits.

Non pas que « l'admissibilité de tous à tous les emplois publics » doive être condamnée en principe ; mais elle doit trouver sa mesure dans le degré de préparation à tenir ces emplois qui résulte surtout des vocations familiales. Autrement elle ne crée plus qu'une course effrénée et souvent éhontée après des recommandations quelconques, en écartant la plus légitime de toutes — celle de la famille. — Sans compter que l'ouverture de ces perspectives bien au delà du nombre des élus produit des milliers de fruits secs et de déclassés, en ne leur laissant, comme à ceux qui n'ont pas tenté de s'élever au-dessus de la condition de leur père, qu'un brevet d'insuffisance et de médiocrité.

.*.

1. Sans doute, lorsqu'on reconnait pour principe politique le *droit historique*, on est porté en France à en voir uniquement l'application dans le rétablissement d'une dynastie dix fois séculaire sur le trône royal. — Mais que l'on prenne bien garde, si l'on fait de la politique sociale et non de la politique d'expédients, que pour restaurer un trône il faut rétablir ses étais, et que c'est pour n'y avoir pas songé ou ne l'avoir pas su, que l'on a toujours, depuis la Révolution qui avait trouvé

ces étais déjà ruinés, échoué dans cette œuvre ; — si bien que beaucoup de conservateurs même en sont las, et préfèrent ne plus rien voir à renverser au faîte de l'édifice politique, pour ne plus rien avoir à soutenir en vain.

Ces états de la monarchie dans l'État, Le Play les a définis : la démocratie dans la commune et l'aristocratie dans la province. Or ces mots ne peuvent s'entendre aujourd'hui, où le premier a pris un sens révolutionnaire et où le second ne correspond plus à rien de vivant, que d'une organisation corporative, — communale, cantonale, régionale, — aussi bien rurale qu'urbaine ; au premier degré de laquelle figureraient, en raison de leur fonction sociale, tous les citoyens exerçant dignement une profession, et aux degrés supérieurs leurs mandataires, pour défendre les droits et gouverner les intérêts propres à la fonction. On verrait ainsi dans les conseils de l'État une représentation adéquate du corps social, qui serait naturellement associée au Souverain pour la gestion des intérêts communs, et ferait comme partie de la Souveraineté sans en affaiblir le principe ni en diminuer le prestige.

Dans un tel État, il n'y aurait plus guère prise pour la Révolution, parce qu'il n'y aurait plus place pour le Césarisme. — La formule en est très simple : c'est la *substitution du régime corporatif au régime bureaucratique.*

.·.

5. Dans un État où l'organisation corporative naturelle n'a pas fait place au mécanisme bureaucratique ou bien s'est rétablie en son lieu, la paix publique est naturellement assurée surtout par les règlements corporatifs et leur application par les juridictions corporatives. Il y a peu de lois d'intérêt général ou de droit commun, leur interprétation devient ainsi plus facile, leur action plus efficace, leur application plus prompte et plus assurée. La magistrature qui en a la garde forme elle-même un corps dans la Province et dans l'État.

Au sommet de l'édifice des lois ne règne pas non plus le bon plaisir du législateur — qu'il soit le prince ou le peuple — mais il rencontre lui-même un juge dans l'office d'une cour suprême, qui examine si les lois rendues sont conformes à la loi de Dieu, au Droit chrétien et au Droit historique établi par la coutume.

Celui « par qui les rois règnent et les juges rendent de justes sentences » a ses ministres siégeant de droit à ce tribunal, dont l'histoire nous montre l'érection chez des peuples bien divers.

Il suffira de mentionner celui du *Cheik ul Islam*, dont la sentence proclamant une guerre juste et sainte est nécessaire pour que le Sultan lui-même, le Chef des croyants, puisse déployer l'étendard du Prophète; et à l'autre face du monde comme de la civilisation, la cour suprême des Etats-Unis d'Amérique.

Quand le principe de la justice est ainsi sauvegardé, celui de l'équité n'est plus rivé toujours par une fiction à l'égalité de tous devant une loi commune, mais appliqué dans la réalité par la reconnaissance et le *respect égal de droits divers*, sous la garde de *juges naturels*.

.·.

6. Il y a un lien étroit entre ces diverses parties de l'organisme de l'Etat, qui sont les finances publiques, les forces publiques, l'assistance publique.

Les finances sont obérées, nous ne disons pas seulement en France, mais dans toute l'Europe; partout la dette publique engendre le fléau du capitalisme que nous décrivons plus loin, et dont il faut chercher la principale cause dans l'énorme développement de l'état militaire. Militarisme et capitalisme sont les deux sangsues de la prospérité publique, et un *désarmement* général s'impose à toutes les nations européennes, si elles ne veulent voir s'accroître la misère des classes pauvres au point d'être obligées de donner des proportions écrasantes à l'assistance publique (qui est un devoir social et devient une nécessité sociale), jusqu'à ce que le socialisme d'Etat ainsi forcément intronisé aboutisse à une effroyable banqueroute. L'abolition de la conscription et du service obligatoire pendant des années de caserne s'impose en vertu du Droit chrétien, comme au nom des nécessités économiques. Le devoir des gouvernements est donc de ramener la possibilité d'un désarmement par la reconnaissance de la notion chrétienne du Droit des gens et par le respect des traités conclus sur cette base, avec l'aide médiatrice du Chef de l'Eglise.

La Dette publique doit être considérée à l'égal d'un malheur public, mais non d'un mal nécessaire; d'un mal au contraire qu'il faut guérir par des moyens honnêtes, mais radicaux, comme le fait un père de famille, quand, après avoir endetté son patrimoine, il veut le sauver. Lorsqu'on aura réduit l'armée à ses cadres en gens de métier, la bureaucratie à un minimum, grâce au fonctionnement corporatif, remis le soin de l'assistance publique à l'Eglise en lui rendant la faculté de posséder, agi de la même manière pour la plupart des services publics en faisant appel aux associations et corporations rentrées dans leur droit naturel, on pourra rendre aussi l'Etat à sa fonction économique naturelle, qui est de prêter plutôt que d'emprunter ; pour cela il lui faut un *trésor, et non une dette.*

.·.

7. *Les classes agricoles* ont droit de crier *justice* contre l'abandon auquel elles sont livrées aujourd'hui dans l'Etat. Elles forment la partie la plus nombreuse, la plus saine, la plus dévouée de la population, et, ce qu'elles fournissent d'hommes à l'armée et d'écus au trésor est sans aucune proportion encore avec leur nombre et avec leur richesse, ou plutôt avec leur pauvreté, car elles sont écrasées par tout ce que l'Etat même fait pour les autres classes, parce qu'elles manquent complètement de *solidarité,* faute d'organisation autonome.

Le mouvement des *syndicats agricoles,* qui s'est formé dans ces classes à la faveur d'une loi de tolérance qui n'était pas faite pour elles, marque un besoin impérieux plus qu'il n'y répond encore, faute d'une conception sociale assez complète, et d'une impulsion assez puissante pour *organiser nos campagnes.* Tout doit être fait dans le sens de l'association contre les spéculations usuraires et contre l'effacement politique. Il y a toute une législation rurale à créer, et toute une *réforme* du code, de l'impôt, de l'administration communale à poursuivre. Car c'est bien de l'agriculture que l'on pourrait dire avec plus de justesse aujourd'hui ce que Sieyès disait en 1789 du Tiers-état : « Qu'est-elle dans l'Etat? — rien! Que doit-elle être? — tout! Que veut-elle être? quelque chose! » Presque partout ailleurs que dans la France révolutionnaire, elle a ses franchises, sa représentation propre, elle forme un « quatrième état. » — Il est temps que les campagnes se lèvent aussi chez nous pour s'organiser en dehors de la bureaucratie des pouvoirs publics et de la démocratie des villes.

.·.

8. *Les classes industrielles* présentent certainement entre elles de grandes diversités, suivant d'abord qu'il s'agit de la grande ou de la petite industrie, qui ne sauraient être confondues dans la même organisation. Mais elles présentent une souffrance commune : celle de l'instabilité des conditions et de l'insécurité de l'existence qui en est la suite. Si la justice sociale veut que le travailleur soit toujours en état de gagner honnêtement la vie de sa famille, elle est assurément loin de

régner dans nos milieux industriels, où nul n'est assuré du lendemain, ni le patron, ni l'ouvrier, et où le premier tend à disparaître pour se transformer en employé irresponsable du capital anonyme.

Il n'y a d'autre remède à cela que dans le *régime corporatif*, fruit combiné d'une législation tutélaire et d'une organisation protectrice du travail. Seul un tel régime peut tendre au règlement de la production, et amortir les effets les plus cruels des crises industrielles qu'il n'aura pu entièrement prévenir.

Quant aux types de ce régime, ils n'existent sans doute plus que par le souvenir des anciennes corporations chez les artisans; mais ils se dessinent de nouveau comme inconsciemment dans les grands établissements industriels qui ont besoin de la stabilité et de l'attachement de leur personnel, notamment dans la plus grande de toutes les industries, celle des chemins de fer. Et il est providentiel de voir ces voies dont l'ouverture a bouleversé le monde économique prêtes à devenir celles de la Providence pour son retour vers une organisation de justice et de solidarité.

.·.

9. Le monde économique n'a pas été bouleversé seulement par les chemins de fer : il l'a été surtout par le *capitalisme*, c'est-à-dire par l'emploi usuraire de l'argent. — Ce sont sans doute les grands progrès industriels qui ont favorisé cet abus, mais ils ne l'ont pas rendu nécessaire, car de grandes entreprises du travail humain ont été faites de tout temps et par des moyens moins puissants, par cela même plus dispendieux que ceux dont nous disposons. Mais elles étaient faites jadis sur l'épargne de grands corps sociaux, comme les corporations, les villes, les États, et non comme aujourd'hui par les moyens de la spéculation anonyme et en vue de l'enrichir.

Ce sont d'ailleurs ces mêmes grands corps sociaux qui ont ouvert le champ à l'emploi usuraire de l'argent par la création de rentes, et c'est à eux d'y mettre un terme, d'abord par la cessation et le remboursement de leurs emprunts, ensuite par une législation intérieure, et en certains points internationale, tendant à refréner la spéculation usuraire — c'est-à-dire la spéculation pratiquée sur les capitaux et non sur les produits.

Lorsque les Bourses auront été fermées, l'agiotage étant laissé au rang de dette de jeu, les grands spéculateurs seront évincés, ou leurs profits ramenés à ceux du négoce honnête. Le capital disponible, ne s'amoncelant plus fatalement entre leurs mains, restera alors à des entreprises de sociétés personnelles ou de crédit mutuel, et la Chrétienté ne sera plus ramenée, pire encore que captive, sujette humiliée du Juif, au *culte du veau d'or*.

VI. Le centenaire en 1889.

Dieu me garde d'avoir prétendu enfermer dans les neuf paragraphes qui précèdent toutes les revendications d'un programme aussi franchement progressif que conservateur, tel qu'il peut sortir des vœux des *corps d'états* à consulter en 1889 ; pas plus que je n'ai entendu renfermer l'expression des doléances, qui se traduiront alors par leurs *cahiers*, dans ce que j'ai dit de la marche de la Révolution depuis un siècle.

Non, j'ai voulu simplement concourir à la préparation du grand mouvement des esprits que l'échéance du Centenaire ne saurait manquer d'éveiller, en y apportant d'avance une synthèse quelque peu hardie — téméraire si l'on veut — des idées que l'on commence à se faire dans le milieu auquel j'appartiens, sur les principes à restaurer et les revendications à poursuivre. Cela fera penser, et dût-on arriver à des conclusions fort diverses des miennes, celles-ci n'auront peut-être pas pour cela été inutiles à la formation de ce qui a manqué le plus aux conservateurs sociaux jusqu'à ce jour, — un PROGRAMME.

Je dis *conservateurs sociaux*, par opposition à conservateurs libéraux : ceux-ci, en effet, gens généralement fort distingués, ayant été aux affaires et regrettant de n'y plus être, ont fait surtout celles de la Révolution : tout au plus ont-ils agi comme forces retardatrices et provoqué par là même contre eux la réaction de forces accélératrices ; — forces agissant les unes et les autres selon la même direction bien qu'en sens inverse, de sorte que la résultante ne varie pas de signe, et qu'il n'y a de variable, selon que les unes ou les autres prévalent momentanément, que l'allongement du trajet, et la distance du point d'arrivée.

Il n'est que temps pour notre Pays, et en général pour ceux de la Chrétienté, c'est-à-dire de la civilisation — car c'est tout un — de voir se former un courant d'idées nullement révolutionnaire, mais nullement non plus rétrograde — qui ne s'efforce pas de faire retourner le XIX siècle à l'état social du XVIII, — de celui-là surtout ; — mais qui le fasse vraiment aboutir à un ordre social nouveau, celui du XX, qui ne soit ni libéral, ni césarien, ni socialiste, — parce que c'est aussi tout un, mais sensiblement un progrès, parce que c'est la loi de la civilisation, et foncièrement chrétien, parce que c'en est l'origine et la condition.

A cet effet, quelques mots, avant de terminer, sur la manière dont l'*Œuvre des Cercles catholiques* compte s'y prendre pour tirer parti des ENQUÊTES qu'elle ouvre, pour la rédaction de *cahiers* et l'expression de *vœux* à l'occasion du Centenaire de 1789 — comme il s'en est produit à cette date mémorable.

Neuf questions principales ont été énumérées dans la première partie de cet écrit, et ont conservé leurs numéros de série respectifs chaque fois qu'elles ont été touchées dans la deuxième ou dans la quatrième partie. Chacune de ces questions intéresse particulièrement une classe de la Société, et ce sont les personnes de cette classe qui devront en être saisies de préférence, par les soins des organes de propagande de notre association générale et de nos associations locales.

Après que les réflexions qu'elles auront suscitées, les renseignements qu'elles auront provo‚ ‚s, l'accueil qui aura été fait aux Mémoires dont chacune d'elles va être l'objet, auront été recueillis par les mêmes agents de propagande, ces recueils deviendront l'objet d'un classement et d'une rédaction d'ensemble, locale d'abord, puis générale, par ceux de nous qui s'occupent des études sociales. C'est cette rédaction que nous appellerons « projet de *cahiers* », et qui sera soumise, pour recevoir sa sanction et sa forme définitive, à des *assemblées provinciales*, convoquées également par corps d'état ou professions.

Ces groupes sociaux resteront-ils partout distincts au nombre de neuf, ou se formeront-ils un peu différemment, selon les conditions locales, cela importe peu. Il faut toutefois remarquer que les questions soumises à leur examen sont elles-mêmes groupées en trois séries, de la distinction desquelles il ne faudrait pas se départir, moins encore parce qu'elles correspondent à l'ancienne formation historique de la Société en trois ordres, que parce qu'elles sont dans la nature même des sujets.

En effet, ces sujets sont d'ordre philosophique, d'ordre politique ou d'ordre économique ; par conséquent, plus familiers, les premiers aux classes vouées aux services moraux de la Société, tels que le Culte, l'enseignement, la charité ; les seconds, aux classes formées de ceux qui servent l'Etat dans ses attributions légitimes ; les troisièmes, aux classes qui tiennent dans la Société les fonctions économiques, c'est-à-dire agricoles, industrielles ou commerciales. Diversité d'attributions qui implique d'ailleurs non une subordination, mais une coordination par des distinctions sociales, dont la représentation distincte du Clergé, de la Noblesse et du Tiers-état n'était ainsi qu'une expression plutôt naturelle qu'arbitraire.

Tels seront donc sensiblement encore les éléments de nos *assemblées provinciales*, et la méthode de leurs travaux devra, ce semble, y correspondre pour ne pas tomber dans la confusion révolutionnaire.

Lorsque trente ou quarante assemblées provinciales auront ainsi dressé leurs *cahiers*, par ordre et par question, il restera aux promoteurs de ce mouvement à réunir et collationner ces cahiers et à en extraire le projet d'une série correspondante de *vœux*; — projet qui devra être soumis à la ratification d'une *assemblée générale*, sorte d'*Etats généraux de 1889*, convoquée en la même forme que les assemblées provinciales et travaillant dans les mêmes conditions, c'est-à-dire examinant les questions par commissions distinctes, et les résolvant par acclamation générale; — car toutes les questions sociales sont solidaires comme tous les hommes le sont dans un ordre social chrétien.

Il ne restera plus alors qu'à proclamer publiquement les résultats obtenus, c'est-à-dire les *vœux de la France chrétienne*, à cette date du Centenaire; et l'*Œuvre* n'y faillira pas.

On l'excusera alors d'avoir abordé, presque seule au début, cette audacieuse entreprise, en considérant qu'à peu près seule aussi elle était préparée, par ses études et par son organisation, à pouvoir l'embrasser dans son ensemble et à la mener à bonne fin. Elle fait d'ailleurs dès aujourd'hui appel pour les y associer, à tous les hommes de bonne volonté qui partagent ses principes, quel que soit le parti politique d'où ils viennent et les opinions qu'ils aient professées jusqu'ici. Car le champ d'application de principes communs peut présenter, lorsqu'il est aussi vaste, des rencontres, je dirai presque bien inattendues, et certainement toujours providentielles.

La réussite dépendra sans doute, avec la volonté de Dieu, de la mesure de l'effort mis à la provoquer; elle est facile, parce que la fin de ce siècle est plus portée à la réflexion et moins engouée des nouveautés qui furent proclamées en 1789 que cela n'était à son aurore. Elle peut être considérable, et marquer ainsi une date historique dans le mouvement des esprits d'où naîtra l'*ordre social du xx⁰ siècle*.

La-Tour-du-Pin Chambly.

TABLE DES QUESTIONS SOCIALES

VISÉES DANS L' « INTRODUCTION AUX ÉTUDES DU CENTENAIRE »,
QUI DOIVENT FAIRE L'OBJET D'UNE ENQUÊTE POUR LA PRÉPA-
RATION DES « CAHIERS DE 1889. »

I. Religion.

Les doctrines régnantes : le gallicanisme, le rationalisme en 1789 ;
l'athéisme, le matérialisme en 1889. — Comment les doctrines nouvelles
procèdent des précédentes. — A quel point elles paraissent aujourd'hui
dans la vie publique et dans la vie privée.

L'établissement de l'Eglise : ses rapports avec l'Etat sous les divers
régimes et de nos jours. — Comment a été conçu et de quelle manière
est interprété le Concordat. — La liberté d'association religieuse, la
liberté d'enseignement religieux, la juridiction et les immunités ecclésiastiques ; leurs garanties de droit et de fait.

Les dissidents chrétiens, non chrétiens, athées étaient-ils considérés
et sont-ils traités aujourd'hui comme il convient dans un Etat catholique
ou simplement chrétien ? — De l'inégalité de fait qui se produit dans
un état légal d'égalité.

II. Instruction.

L'esprit laïc dans l'instruction : ce qu'on entend par là. — Contraste
entre l'ancien temps et la société moderne.

La distribution de l'instruction : les corps enseignants, l'Eglise et
l'Université. — Les maîtres libres.

La diffusion de l'instruction : au point de vue du droit du père de
famille. — Au point de vue du droit de l'Eglise. — Dans l'intérêt moral
de la société. — Dans l'intérêt des professions diverses. — La surproduction et le surmenage intellectuels.

III. Mœurs.

La famille est l'école des mœurs ; cela semble oublié.

La législation, dans ses rapports avec la famille, doit la traiter comme
l'unité sociale. — Introduction du divorce dans le Code civil. — Du
partage forcé dans la succession et de ses conséquences. — De l'égalité
de droits politiques entre le chef de famille et ses enfants, et de ses
conséquences.

Les coutumes conservaient des familles professionnelles. — L'intérêt
social s'en trouvait-il aussi bien que les familles elles-mêmes ? — Le
système actuel, consistant dans l'inégalité à rebours, ne produit-il pas
plus de déclassés que d'hommes considérés ?

Les relations de la vie privée dans une société démocratique ou dans
une société ordonnée. — Ce qu'elles ont gagné ou perdu en sûreté, en
urbanité, en bienveillance, en union des classes.

IV. Gouvernement.

Le principe de l'Etat : son déplacement par la Révolution. — De la
fréquence des révolutions et de la mobilité des institutions. — La vie
nationale s'en trouve-t-elle bien ?

Le fonctionnement du régime bureaucratique ; sa persistance. — En
quoi il consiste et quelle est sa tendance normale.

Le fonctionnement des gouvernements locaux ; les autonomies historiques et naturelles ; incompatibilité du régime bureaucratique avec
ces autonomies. — Ceci a tué cela. — Avantages et inconvénients pour
la vie publique.

V. Justice.

Des origines de la coutume et de la loi. — De leur conformité à la loi
naturelle, au développement historique et aux conditions économiques.

— De la participation du peuple à l'établissement des lois. — Comment les libertés publiques sont-elles garanties aujourd'hui contre l'arbitraire ?

De l'origine du juge. — Les magistratures électives ; ce qui en reste et ce qui en devrait subsister. — Le jugement par les pairs et le Jury. — L'expérience est-elle favorable à cette institution ?

De la quantité des procès, de leur expédition. — *De la criminalité : est-elle en croissance ?*

VI. Services publics.

Les finances de l'État considérées dans leurs sources et dans leurs rapports avec les intérêts privés. — L'accroissement de la dette publique est-il un bien, une nécessité, une fatalité ? — Comparaison entre la somme des impôts avant et depuis la Révolution.

Le système des armées modernes, au point de vue économique, à celui du recrutement dans ses effets sociaux et à celui de la politique internationale.

L'assistance publique avant la Révolution et depui... — Ce que la confiscation des biens d'Église, des caisses corporatives et la suppression des biens communaux et des usages a enlevé aux pauvres. — Des besoins actuels et des ressources correspondantes. — La laïcisation des hôpitaux au point de vue économique et au point de vue moral.

VII. Agriculture.

Le régime de la propriété et de l'impôt. — Du rapport entre le produit, la rente et l'impôt fonciers selon les époques. — De la redevance en nature ou en argent. — De la progression et de la régression des fermages.

État des populations. — Dépeuplement progressif des campagnes. — Ses causes. — Apparition d'un prolétariat agricole. — Ses causes. — Condition des pauvres gens.

État des terres. — Du démembrement parcellaire à l'apparition de « latifundia. » — La petite propriété date-t-elle de la Révolution ? — Endurera-t-elle longtemps la lutte entre le partage forcé et les frais de succession, la spéculation et l'organisation usuraire du *crédit foncier ?*

VIII. Industrie.

Le régime du travail repose-t-il sur un contrat toujours équitable ? — Les patrons et la concurrence illimitée. — Le patronat fait place au capital anonyme.

Les salariés et leurs garanties d'existence en dehors du salaire éventuel. — Le droit du travail et le droit au travail. — Le bien-être, l'habileté, la dignité et la satisfaction ont-ils augmenté dans la classe ouvrière ?

Les produits : la bonne règle de leur quantité et la garantie de leur qualité se sont-elles bien trouvées de l'abolition du régime corporatif ? — Y a-t-il réellement surproduction industrielle ou impuissance d'achat ?

IX. Commerce.

Le régime de l'échange à l'intérieur : les barrières intérieures abaissées par les transports, rétablies par les octrois. — Régime des uns et des autres.

Le régime de l'échange à l'extérieur : la théorie et la pratique du libre-échange. — Les traités de commerce et la législation internationale qui devrait en être la base. — La marque de fabrique.

Le régime du crédit : effets de l'usure ; effets de la spéculation sur les valeurs. — Qui paie les rentes et les différences de Bourse ? — A qui profite le jeu du système capitaliste ? — La question juive ; scandales sociaux ; prodromes d'une révolution sociale.

Bar-le-Duc. — Typ. de l'Œuvre de Saint-Paul, Schorderet et Cie —:766

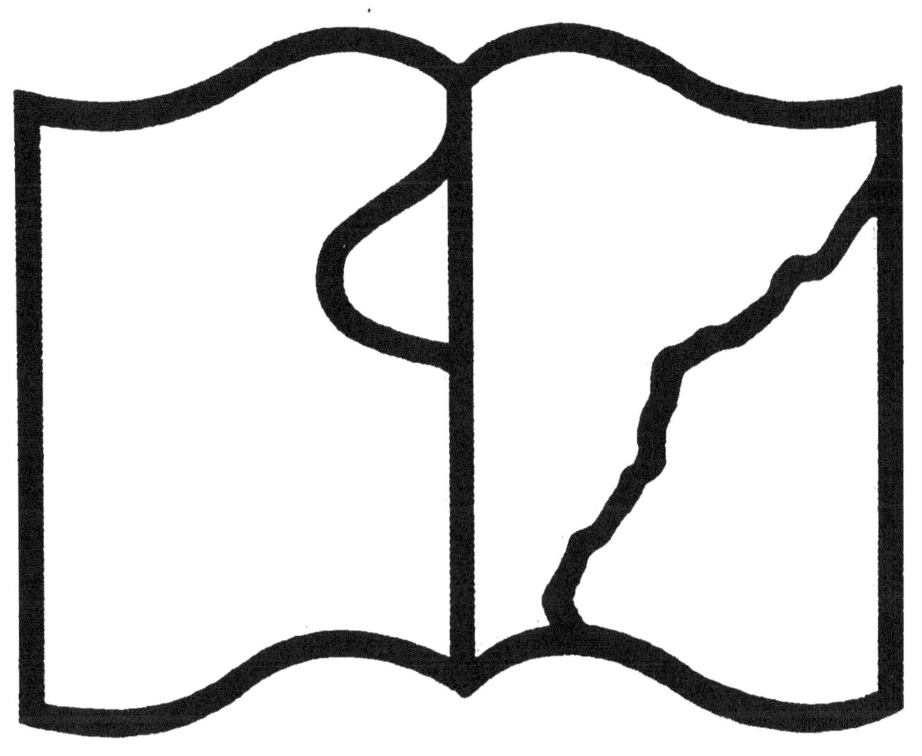

Texte détérioré — reliure défectueuse

NF Z 43-120-11